Mareike Würtele (Hg.)

Hell Er Leuchtet

Mareike Würtele (Hg.)

Hell ER ☀ LEUCHTET

Heilige Momente für Advent und darüber hinaus

neukirchener

Die Bibelstellen sind der Übersetzung Hoffnung für alle® entnommen, Copyright © 1983, 1996, 2002 by Biblica Inc.®.
Verwendet mit freundlicher Genehmigung von 'fontis – Brunnen Basel. Alle weiteren Rechte weltweit vorbehalten. (HFA)

Weiter Bibelstellen sind entnommen aus:
Einheitsübersetzung der Heiligen Schrift © 2016 Katholische Bibelanstalt, Stuttgart.
Alle Rechte vorbehalten (EU)

Bibliografische Information der Deutschen Nationalbibliothek:
Die Deutsche Nationalbibliothek verzeichnet diese Publikation in der Deutschen Nationalbibliografie; detaillierte bibliografische Daten sind im Internet über http://dnb.d-nb.de abrufbar.

Die automatisierte Analyse des Werkes, um daraus Informationen insbesondere über Muster, Trends und Korrelationen gemäß § 44b UrhG zu gewinnen, ist untersagt.

© 2024 Neukirchener Verlagsgesellschaft mbH, Neukirchen-Vluyn
Alle Rechte vorbehalten
Gesamtgestaltung und DTP: Miriam Gamper-Brühl, Essen, www.3kreativ.de
Bildnachweis: © Shutterstock
Cover, S. 17, S. 89 /EMJAY SMITH, S. 15, S. 27, S. 35, S. 67 /Volha Studio, S. 45 /lavendertime, S. 61 /DDDART, S. 65 /Catrin1309, S. 70 /DenisKrivoy, S. 81 /Anna Kutukova, S. 85 /GoodStudioUm, S. 93 /Tokarchuk Andrii, S. 99 /Lana_Samcorp
Verwendete Schrift: Marselis Pro
Gesamtherstellung: PrintBest, Viljandi
Printed in Estonia
ISBN 978-3-7615-7004-3

www.neukirchener-verlage.de

Vorwort

„Heilige Momente für Advent und darüber hinaus." Schon wieder ein Anspruch an einen Zeitraum, der sowieso schon gespickt ist von gesellschaftlichen und eigenen Ansprüchen? Neben Vorweihnachts- und Endjahresstress sollen ruhige Momente im Advent nicht nur besinnlich, sondern gleich auch noch „heilig" sein?

Dem begegnet dieses Buch. Es erhebt zum einen gerade nicht den Anspruch, regelmäßig oder überhaupt in der Adventszeit gelesen zu werden. Vielmehr ist es für die gesamte Weihnachtszeit gedacht, die eigentlich mindestens bis zum 6. Januar, bzw. sogar bis zum 2. Februar geht. Gleichzeitig bieten die darin zusammengestellten Texte eine weitere Perspektive darauf, wie ein „heiliger Moment" so aussehen kann: Heiligkeit liegt nicht nur im Stillen und Erhabenen. Wir können auch Heiligkeit erleben, wenn wir Bekanntes hinterfragen, reflektieren und vorwärtsschauen, wenn wir unsere Mitmenschen sehen, wenn wir durchatmen, wenn wir uns gehalten wissen mitten in den Krisen unserer Zeit.

Und so wünsche ich Ihnen, liebe Leser:innen, dass dieses Buch für Sie kein weiterer abzuhakender Punkt auf einer viel zu vollen To-Do-Liste ist, sondern, dass Sie sich immer wieder einladen lassen – ganz in Ihrem Tempo – heilige Momente, auch mitten im Alltag, zu erleben.

Mareike Würtele

1

Dezemberwunsch

Tina Willms

Ich wünsche dir,
dass die Adventszeit
in dir ein Sehnen entfacht
nach einem Licht,
das ins Dunkel fällt.

Ich wünsche dir,
dass Hoffnung in dir Feuer fängt
auf den, der zur Erde kommt
und sie verwandelt.

Ich wünsche dir,
dass sein Licht
in dir brennt
und durch dich leuchtet
ins Dunkel der Welt.

2

Streichholzadventskalender

Anna Tomczyk

Sie bekam ihn von einer Freundin. Klein und handlich passte er in die Jackentasche. Er bestand aus Streichhölzern in Reih und Glied, 24 Stück um genau zu sein, beschriftet mit jeweils einem Wort und einer Zahl. Darüber jeweils die Angabe einer Bibelstelle. Würde sie es schaffen, in der hektischen Adventszeit ein paar Minuten dafür zu finden? Jeden Tag? Sie würde es jedenfalls versuchen.

Am Anfang ging es noch ganz gut, aber es gab auch Tage, da kam sie mit der Überfülle der Aufgaben, die der Alltag von ihr abverlangte, nicht zurecht. Da schienen selbst die wenigen Minuten Luxus, den sie sich nicht leisten konnte. Aber war es nicht Advent? Es konnte doch nicht sein, dass nicht einmal 5 Minuten übrig waren für das, was unserem Alltag Sinn und Richtung gibt?! Und geht es im Leben nicht darum, dass uns und anderen immer wieder ein Licht aufgeht, damit wir erkennen, was wirklich wichtig ist?

Dann hatte sie eine Idee. Sie schraubte ihre eigenen Ansprüche zurück, jeden Tag eine Besinnungszeit zu finden. Stattdessen wollte sie von nun an versuchen, zumindest jeden zweiten oder dritten Tag nicht nur ein kleines Licht in ihrem Leben anzuzünden, sondern dieses Licht auch weiterzugeben. Also zündete sie mit dem Streichholz eine Kerze an, ließ sich von dem jeweiligen Impuls inspirieren, warf aber das abgebrannte Streichholz mit dem Begriff „Frieden", „Sehnsucht" oder „Freude" nicht weg. Sie klebte es auf eine Karte, malte oben mit einem Stift einen Docht und mit einem Buntstift eine leuchtende Flamme. So wurde das abgebrannte Streichholz zu einer brennenden Kerze. Diese Karte schickte sie mit einem adventlichen Gruß an eine Freundin. So machte sie es auch mit einem Teil der übrigen Streichhölzer. Nun ja, sie schaffte nicht alle 24 und vielleicht nicht einmal die Hälfte, aber auch nächstes Jahr wird es wieder Advent werden. Und selbst wenn es gar nicht viele gewesen wären – jedes kleine Licht, das wir weitergeben, macht diese Welt ein wenig heller.

3

Jauchzen

Manfred Gerke

Vor mir liegt ein Foto: Eine junge Mutter und ihr Kind strahlen mich an. Witzig, wie der Kleine schaut, mit der Zunge schnalzt und sich vertrauensvoll festhält. Freude und Glück strahlen mir entgegen. – Jetzt blicke ich auf meinen Bibeltext: „Jauchzet, ihr Himmel, freue dich Erde! Lobet, ihr Berge, mit Jauchzen! Denn der Herr hat sein Volk getröstet und erbarmt sich seiner Elenden" (Jesaja 49,13; HFA). Statt des kleinen Kinderzimmers ein weiter Horizont: Himmel, Erde, Berge. Lauter Jubel. Dieser Aufruf scheint nicht zu den Menschen zu passen, die der Prophet hier anspricht. Das Volk lebte in Gefangenschaft im Zweistromland. Die Menschen klagten und weinten. Sie waren am Ende. Ein Blick nach vorn – dazu waren sie zu verzweifelt. Doch genau das mutet ihnen der Prophet zu. Denn „der Herr hat sein Volk getröstet". Gott hat sie nicht vergessen. Gott handelt an ihnen und an der ganzen Welt. Deshalb müssen die Himmel jauchzen, die Erde sich freuen und die Berge jubeln! Und die Menschen werden erleben, dass Gott einen Weg für sie hat – durch die Wüste nach Hause.

Haben wir Grund zum Jauchzen? Oft fällt es uns schwer. Es brennt an vielen Stellen unserer Erde: Krieg, Terror und Katastrophen, Flucht. Die Auswirkungen der Corona-Pandemie. Wie geht es weiter? „Denn der HERR hat sein Volk getröstet." Sichtbar und spürbar. Er ist Mensch geworden, ein hilfloses Flüchtlingskind. So kommt Gott in unsere Welt! – Ich schaue noch einmal auf das Foto, lasse mich anstrahlen von Mutter und Kind.

Genau das haben die Hirten und Weisen auch erlebt: wie das Kind sie anstrahlte. Und sie erfuhren, wie der Herr tröstet und sich der Elenden erbarmt. Mit Beginn der Adventszeit freuen wir uns, dass Gott kommt, und gehen ihm entgegen.

4

Vorfreude

Anna Böck

„Er ruft: Freut euch und jubelt, ihr Einwohner von Zion!
Denn ich werde kommen und mitten unter euch wohnen!"

Sacharja 2,14 (HFA)

Seit einigen Wochen gehe ich nicht nur zum Bahnhof, um von dort in die weite Welt zu fahren. Manchmal stehe ich dort auch, hibbelig vor Vorfreude, weil mein Lieblingsmensch in dem Zug sitzen wird, der da gleich einfährt. Ich stehe da und warte. Das ist aber alles andere als passiv: Vorher wurde die Wohnung geputzt und ich war einkaufen – was auf einmal viel leichter geht, als sonst. So ungefähr ist die Freude des Advents. Wie bereitet man sich aber auf das Kommen Gottes vor? Wie schaltet man diese hibbelige Vorfreude an? In manchen Jahren dekoriere ich die ganze Wohnung, in anderen merke ich, dass mir die Kraft dazu fehlt. Dann ist vielleicht eher mein Herz dran, das aufgeräumt werden muss. Oder ich muss erstmal meine inneren Vorräte wieder aufstocken nach einem eher anstrengenden Jahr. Was auch immer in Ihrem Advent dran ist, Gott kommt!

5

Frieden mit dem, was ist

Lilli Gebhard

die welt ist brüchig
zu viele verlassen sie vor ihrer zeit
und viele gehen
bevor ihre zeit beginnt
wenn alle lieben gesammelt werden
um tische und feuerstellen
bleiben zu viele arme leer
auch das ist advent
warten auf die wiederkunft
und das wiedersehen
die worte im herzen bewahren
und die menschen
wie maria

6

Warst du denn auch artig?

Anne Gorges

„Warst du denn auch artig?", fragt der Mann mit dem weißen Bart und dem dicken Bauch. Um sicherzugehen, schaut er in seinem großen, goldenen Buch nach. Ein paar Anmerkungen wären ja auch noch zu machen. Regelmäßiges Zähneputzen, ohne Meckern Zimmer aufräumen und ab und zu die Geschirrspülmaschine ausräumen. Ein Seufzer der Erleichterung, als er zum großen Sack greift und ein Geschenk rausfischt. Es muss also gereicht haben.

Zu oft stelle ich mir Gott genauso vor. Der alte Mann mit dem weißen Bart. Der mich fragt: „Warst du auch artig?" Und dann schaut er mit strengem Blick in seinem goldenen Buch nach, in dem alles notiert ist. Ein paar Anmerkungen wären ja noch zu machen. Öfters Bibel lesen und die Gottesdienstbesuche waren auch etwas spärlich. Regelmäßiger beten, netter reden. Dann öffnet er die Tür zum Himmel. Ich atme aus. Es muss wohl gereicht haben.

Aber vielleicht – nein, ganz sicher – sollten wir viel öfter unartig sein. So wie die Zöllner und Huren und der halbtote Verbrecher am Kreuz. Weil artig ist man immer außen und niemals innen drin. Vielleicht sollten wir öfter schreiben und toben, die Wahrheit suchen, lieben, leiden, ertragen, unartig Schuld bekennen und Umwege suchen. Unangebracht und unbequem Leid und Schuld benennen. Jesus war bestimmt nicht artig. Denn man wird nicht gekreuzigt, wenn man artig ist.

Und oben im Himmel, da sitzt kein alter Mann mit langem Bart, sondern ein Vater, der Sehnsucht nach allem Verlorenen hat. Und am Ende fragt er nicht: „Warst du artig?" Er fragt: „Liebst du mich?"

7

Adventsmenschen

Fabian Brand

Adventsmenschen: Die fleißigen Helferinnen und Helfer in den Flüchtlings-unterkünften, die sich nicht scheuen, sich für das Wohl der anderen einzu-setzen, auch wenn das nicht von allen gerne gesehen wird.

Adventsmenschen: Die vielen Haupt- und Ehrenamtlichen, die in den unter-schiedlichen Bereichen der Seelsorge tätig sind, die immer ein offenes Ohr haben für Sorgen und Nöte, die manchmal einfach nur da sind, um zuzu-hören.

Adventsmenschen: Alle, die sich um humanitäre Hilfe in den Kriegs- und Krisengebieten dieser Erde bemühen, das medizinische Personal und die Freiwilligen in den unterschiedlichen Hilfsorganisationen.

Adventsmenschen: Johannes der Täufer, der die Menschen zur Umkehr und inneren Vorbereitung aufruft und der Prophet Jesaja, der das Kommen Gottes in unsere Welt ankündigt.

Adventsmenschen: Mitarbeiter in den Armenküchen und Bahnhofsmissionen, in den Wärmestuben und Tafeln, in Arbeitsämtern und Kleiderkammern, in Notschlafstellen und Straßenambulanzen.

Adventsmenschen: Die Vielen, die ein offenes Ohr für die Nöte ihrer Mitmenschen haben, die andere trösten, ihnen Hoffnung zusprechen, neue Perspektiven eröffnen und Mut schenken. Freunde, die einfach da sind, ohne großes Aufsehen, ganz alltäglich, ganz unspektakulär.

Adventsmenschen: Menschen, wie du und ich, die nicht auf sich selbst schauen, die den anderen und seine Not im Blick haben, die sich für sein Wohl einsetzen und so mitarbeiten, dass es unter uns ein bisschen liebevoller und barmherziger wird.

Maria

Steve Kennedy Henkel

Maria wurden viele Rollen auf den Leib geschrieben.

Die ewig-reine Jungfrau.

Die sorgende Mutter.

Die Himmelskönigin.

Die feministische Freiheitskämpferin.

All diese Rollen haben irgendwo in ihrem Leben einen – großen oder kleinen – Anhaltspunkt.

Aber das faszinierende an ihr ist für mich, dass sie sich nicht von Rollenbildern und Erwartungen hat festlegen lassen.

Sie ist kein Vorbild in einer bestimmten Rolle, sondern in ihrer Haltung der Gottoffenheit.

Sie hatte sicher andere Vorstellungen für ihr Leben, als eine unverheiratete Teenager-Mutter zu sein oder ihr erstes Kind mit 33 am Kreuz sterben zu sehen.

Was sie auszeichnet, ist, dass sie sich von Gott auf Wege für ihr Leben leiten lässt, die nicht ihr oder anderer Leute Plan oder Erwartungen waren. Diese Offenheit lässt Gott – physisch – in ihr lebendig werden.

Uns werden so viele Rollen zugeschrieben.

Manche haben wir unbewusst seit frühester Kindheit verinnerlicht – andere haben wir uns bewusst ausgesucht.

Aber nicht immer sind sie das, was Gott in uns lebendig werden lässt.

Bist du offen für das, was Gott jenseits deiner bisherigen Rollen und Pläne mit dir vorhaben könnte?

Grüße von Gott

Hanna Buiting

Und dann gibt es diese Tage, an denen alles im Nebel zu liegen scheint. Zweifel erfüllen dein Herz und an keiner Kreuzung findest du auch nur einen Wegweiser. Die Entscheidung liegt allein bei dir. Rechts oder links? Gehen oder bleiben? Es sind diese Tage, von denen du hoffst, dass sie schnell vorbeigehen mögen. Doch gerade heute scheinen alle Uhren langsamer zu ticken. Ein einziger Wettkampf: Das Leben gegen dich und du gegen das Leben.

Und du willst diesen Tag schon ganz abschreiben. Früh ins Bett gehen wäre eine Option. Die Decke über den Kopf ziehen und die Welt die Welt sein lassen. Heute mal ohne dich.

Doch dann geschehen diese Dinge: Im Briefkasten findest du die Worte einer lieben Freundin. Trost und Trotz. Aufmunterung und Zuneigung. Du liest sie und die Worte beginnen vor deinen Augen zu verschwimmen. Tränen füllen deine Augen und Dankbarkeit dein Herz. Du liest ihre Worte und es ist dir, als hätte sie geahnt, dass heute nicht dein Tag ist. Als bräuchtest du heute den unbedingten Zuspruch: Du gehst diesen Weg nicht allein.

Oder an einem Tag mit richtigem Mistwetter: Kein Parkplatz weit und breit. Der Regen knallt dir auf die Windschutzscheibe und die Lichter der anderen Autos blenden dich. Du hasst es, bei diesem Wetter Auto zu fahren, noch dazu im Dunkeln. Du willst nur noch ankommen, das Auto an einem sicheren Ort wissen und trocken ins Haus kommen. Am liebsten würdest du einfach aussteigen und davonlaufen. Und dann: dein Lieblingslied im Radio: „Don't worry, be happy". Du fährst rechts ran und lauschst, klopfst mit den Fingern im Takt aufs Lenkrad. Bis zur letzten Zeile, bis zum letzten Akkord. Der Regen macht eine Pause und eine Parklücke ist groß genug für dein Auto. Was für ein Glück.

Oder nach wochenlangem Bewerbungen-schreiben. Wochen voller Selbstzweifel, zermürbenden Fragen: Wer bin ich? Was kann ich? Wer will mich? An einem weiteren Tag ohne den Hauch einer neuen Chance, plingt es plötzlich in deinem Mailfach: eine Einladung zu einem Bewerbungsgespräch. Du liest sie wieder und wieder. Wird doch noch alles gut?

Es gibt sie, diese Tage, an denen alles irgendwie ausweglos scheint und so, als hätte sich das Leben gegen dich verschworen. Doch dann geschehen diese Dinge, die einen Samen Zuversicht in dir säen. Die das Gefühl in dir auslösen: Du bist nicht allein. Da ist jemand, der es gut mit dir meint. An manchen Tagen so überraschend und so herzberührend, dass du dich fragst: Sind das vielleicht Grüße Gottes?

25

Die Kerze des Friedens

Lilli Gebhard

Am zweiten Adventssonntag entzünden wir die Kerze des Friedens. Sie ist ein Symbol für die Geburt Jesu. Lange Zeit habe ich versucht, dieses in Gedanken zusammenzuführen: den Friedefürsten und das Baby. Der König und Friedefürst, warum musste er als Baby auf die Welt kommen? Die Antworten, die ich bisher bekam, waren so einfach wie einleuchtend: Es zeigt Gottes Menschlichkeit. Doch Menschlichkeit kann sich auch auf viele erdenkliche andere Weisen zeigen. Er könnte kommen, die zerbrochenen Herzen heilen und wieder gehen. In meinem Kopf fügte sich das alles immer noch nicht ineinander, der Friedefürst und das Baby.

Viele reden von dem Frieden, den ein Baby verbreitet. Wahrscheinlich weiß jedoch jeder: Ein Baby macht nicht immer nur Spaß. Ein Baby schreit. Das wirkt nicht friedlich. Und wer je ein Schreibaby betreut hat, weiß: Babys strahlen nicht zwangsläufig Frieden aus. Ein Baby schreit, wann immer

es möchte. Es schreit, wenn es hungrig ist. Es schreit, wenn es müde ist. Es schreit auch oft, wenn überhaupt nichts ist. Dass ein Baby von alleine durchschläft, immer brav trinkt, nachher brav alles isst, sich immer friedlich herumtragen und vorzeigen lässt, halte ich für die hartnäckigsten Fake News, seit es Babys gibt.

Mein erstes Baby schrie viel. Irgendwann fragte ich mich müde: Was kann ein Baby überhaupt, vom Schreien abgesehen? Oft nichts. Essen will gelernt werden. Schlafen will gelernt werden. Und alles sonst muss auch gelernt werden. Was also bringt ein Baby mit?

Irgendwann fiel mir auf: Ein Baby ist einfach da. Es bringt nur sich selbst mit. Gerade weil es nichts anderes kann, kann es nicht einmal von selbst wieder gehen. Es schreit und möchte auf meinem Arm sein, auch wenn es so aussieht, als ob ich nicht alles richtig mache. Mein Baby wollte einfach bleiben. Mein Baby kam, um zu bleiben.

Was wäre, wenn die erste Nachricht Gottes, die er mit Jesus auf die Erde geschickt hat, ist: Ich komme, um zu bleiben. Ganz egal, was geschieht, ich bleibe. Als er in Maria wuchs, in ihrem Arm lag und in ihrem Herzen, war er da, um zu bleiben. Ein Baby hat keine Möglichkeit, seine Meinung zu ändern. Es ist bedingungslos einfach da. Ausgeliefert.

Und da ist er, mein Friedefürst. In meinen schwierigen Nächten machte er nicht, worum ich ihn bat, aber war da mit mir. In großen Umbrüchen in meinem Leben war er da. In allen sich verändernden Umständen war er mein Friede, mein Zuhause, meine Ruhe, meine Kraft. Er kam. Und er blieb. Und das ist doch auch, was wir brauchen, wenn wir ehrlich sind: dass jemand kommt und bleibt und sich nicht abschütteln lässt.

Das ist ein Wunder, dass der Friedefürst als ein Baby kommt. Es ist die radikalste Art zu sagen: Ich komme, um zu bleiben.

Bedrückendes Dunkel der Lebensnacht

Fabian Brand

Ein Mensch, der für mich untrennbar zum Advent gehört, ist Jochen Klepper. Sein tragisches Lebensschicksal ist für mich eng verbunden mit den Tagen vor Weihnachten. Jochen Klepper wurde 1903 geboren, er war evangelischer Theologe und Journalist, arbeitete im Hörfunk und als Schriftsteller. Klepper lebte in Berlin, wo er 1938 seine Frau Johanna heiratete. Schon das war damals höchst brisant, denn Johanna war Jüdin und ließ sich erst kurz vor ihrer Hochzeit taufen. 1940 wurde Klepper zur Wehrmacht einberufen, ein gutes Jahr später aus dem Dienst entlassen. Die Lage im von den Nationalsozialisten besetzten Deutschland wurde immer gefährlicher. Im Dezember 1942 stand die Deportation von Johannas jüngster Tochter kurz bevor, auch die Inhaftierung von Johanna selbst drohte der Familie. Jochen Klepper versuchte alles, sich und seine Angehörigen aus dieser brenzligen Situation zu befreien. Doch alle Versuche scheiterten. In der Nacht vom 10. auf den

11. Dezember 1942 nahm sich die Familie gemeinsam das Leben. Kurz vor seinem Freitod hielt Jochen Klepper in seinem Tagebuch fest: „Wir sterben nun – ach, auch das steht bei Gott – Wir gehen heute Nacht gemeinsam in den Tod. Über uns steht in den letzten Stunden das Bild des Segnenden Christus, der um uns ringt. In dessen Anblick endet unser Leben."

Für mich gehört Jochen Klepper zum Advent, weil er einige der schönsten Lieder geschrieben hat, die es für diese Zeit gibt. Freilich keine Lieder voller Romantik und Kitsch, keine Lieder über den „lieben Advent" und die freudige Vorweihnachtszeit. Wohl aber Liedtexte, welche die ganze menschliche Sehnsucht nach Gott ins Wort bringen und mit der Symbolik des Advents verbinden. Eines von Kleppers Liedern beginnt mit den Worten „Die Nacht ist vorgedrungen, der Tag ist nicht mehr fern", ein anderes heißt „Du Kind, zu dieser heil'gen Zeit gedenken wir auch an dein Leid". Es sind Texte, die unter die Haut gehen, wenn man bedenkt, in welcher Zeit sie entstanden sind. Jochen Klepper hat sie in seinem ganz persönlichen Advent geschrieben. In seinem ganz eigenen Erwarten des Kommens Gottes in diese Welt. Und in der Hoffnung auf Gottes Herrschaft, die dieser menschlichen Gewaltherrschaft ein für alle Mal ein Ende bereitet. Im Blick auf den segnenden Christus, in einer ganz adventlich geprägten Vorahnung, stirbt Jochen Klepper dann auch.

Die Nacht ist vorgedrungen

Jochen Klepper

Die Nacht ist vorgedrungen,
der Tag ist nicht mehr fern.
So sei nun Lob gesungen,
dem hellen Morgenstern.
Auch wer zur Nacht geweinet,
der stimme froh mit ein.
Der Morgenstern bescheinet
auch deine Angst und Pein.

Noch manche Nacht wird fallen
auf Menschenleid und -schuld.
Doch wandert mit uns allen
der Stern der Gotteshuld.
Beglänzt von seinem Lichte,
hält euch kein Dunkel mehr;
von Gottes Angesichte
kam euch die Rettung her.

Details

Ramona Eibach

Tropfen hängen in der Luft
Schönheit, die mich leise ruft
Perlen glitzern an Stielen
Nachdem sie vom Himmel fielen

Zarte Schäfchen am Himmelszelt
Sonne, die mein Herz erhellt
Details im Vorder- und Hintergrund
Wie machst du meine Welt so bunt

Ich bin umgeben von Glück
In allem ist von dir ein Stück
Ich bin umgeben von deinem Licht

So unbeschreiblich was ich fand
Du sprengst Rahmen und Verstand
Deshalb sah ich dich auch nicht

13

Lucias Licht

Katrin Weidemann

Das kleine Mädchen trägt ein bodenlanges weißes Kleid. Und auf ihrem Kopf ist ein Kranz mit acht Kerzen aufgesteckt. Sie hält sich sehr aufrecht, nur der Kranz auf ihrem Kopf schwankt ganz leicht. Und bei jedem Schritt, den sie macht, flackern die Kerzen mit.

Ich stehe in einem schwedischen Kaufhaus und sehe diese Gestalt wie aus einer anderen Welt auf mich zukommen. Sie bietet mir Kekse an.

Im ersten Moment bin ich verblüfft, aber ich kenne das schon: Es ist ein schwedischer Brauch. Heute begeht man in Schweden den Tag der heiligen Lucia. In beinahe jedem Haus verkleidet sich die jeweils älteste Tochter dann als Lucia, geht morgens von Zimmer zu Zimmer und weckt die Eltern und Geschwister mit den ersten Weihnachtsplätzchen.

Der Legende nach lebte Lucia im vierten Jahrhundert auf Sizilien. Es war die Zeit der Christenverfolgung. Man versteckte sich in Katakomben, um

Gottesdienste zu feiern. Wer entdeckt wurde, verlor sein Hab und Gut und oft auch sein Leben.

Lucia selbst war Christin und versorgte ihre Glaubensgeschwister, die sich versteckten, mit Nahrungsmitteln.

Und Lucia zeigte sich von einer ganz praktischen Seite. Um in der Dunkelheit den Weg besser zu finden, setzte sie sich einen Lichterkranz aufs Haupt. So hatte sie beim Tragen der Speisen die Hände frei.

Mich beeindruckte diese Lucia: mit ihrem festen Glauben und ihrer gleichzeitig so patent-praktischen Art. Sie zeigt, dass beides zusammengehört: der Glaube, der wie ein Licht im Dunkeln ist, und das tätige Zupacken.

Wichteln

Kathrin Gottschick

Ihr Herz klopft wie wild und ihr Puls rast vor Aufregung. Schon mehrere Minuten steht sie etwas versteckt hinter der Lorbeerhecke und wartet auf den richtigen Augenblick. Die Kälte, die langsam ihre Beine hochkriecht und ihre Finger taub werden lässt, spürt sie nicht. Alles hat sie sich schon zu Hause bis ins Detail ausgemalt. Allein der Gedanke an ihr Vorhaben zaubert ihr ein Lächeln der Vorfreude aufs Gesicht. Ihre Handschuhhand umschließt fest das kleine, in buntes Weihnachtspapier eingepackte Päckchen. Auf einem Anhänger, den sie mit rotem Geschenkband an das Päckchen gebunden hat, steht in Großbuchstaben der Name HANNA. Seit ihre Mutter ihr letzte Woche vom Wichtelbrauch in ihrer Kindheit erzählte, ließ sie der Gedanke nicht mehr los, es einmal selbst auszuprobieren. Die Auserkorene stand schnell fest: Hanna, ihre beste Freundin aus der Grundschule, sollte es sein. Ganz genau hatte sie zugehört, als ihre Mutter betonte, dass das Ganze unbedingt ein Geheimnis bleiben müsse. Heimlich müsse man ein kleines Geschenk vor die Haustür des Beschenkten legen, zwei bis drei Mal schnell hintereinander klingeln und dann nichts wie weg. Die Mutigsten damals hätten hinter der nächsten Ecke noch gewartet und gelauscht. Und am nächsten Tag gab es in der Schule das große Rätselraten. An Heiligabend dürfte man dann endlich das Geheimnis lüften. So wie eben auch Gott manchmal geheimnisvoll sei, meinte die Mutter noch. Doch an Weihnachten lüfte er das Geheimnis und schenke uns seinen Sohn.

Genauso will auch sie es machen. Sie hat extra nachgeschaut, ob auch Licht brennt und jemand zu Hause ist. Vorsichtig geht sie nun zur Haustür. Behutsam legt sie ihr Päckchen mitten auf die oberste Stufe. Sie atmet tief durch und führt dann ihre vor Erregung zitternde Hand zur Klingel. Ding dong – ding dong, hört sie das Geräusch durch die geschlossene Tür. Doch die Schatten und erstaunten Blicke sieht sie schon nicht mehr. Denn wie der Blitz ist sie auf und davon. Sie rennt den ganzen Weg nach Hause. Als sie außer Puste und mit roten Wangen zu Hause ankommt, schaut ihre Mutter sie fragend an. Doch sie lächelt nur geheimnisvoll und verschwindet in ihrem Zimmer.

15

Hinter erleuchteten Fenstern

Hanna Buiting

Ich mag es, im Advent durch die Straßen meiner Stadt zu laufen. Am frühen Abend, wenn das Licht des Tages vielleicht gerade zwei Stunden fort ist und hinter den Fenstern langsam Lampen angeknipst und Kerzen entzündet werden.

Warm angezogen, die kalten Finger in Handschuhen versteckt und mit einer warmen Mütze auf dem Kopf, laufe ich umher. Ich habe es nicht eilig. Mein Ziel liegt in der Ferne. Viel wichtiger ist der Weg.

Mir gefällt es, in die erleuchteten Fenster zu lugen, mir vorzustellen, was dahinter geschieht. Ich erfinde Geschichten, vergebe Namen, Lieblingsessen und Biographien. Stelle mir vor, was die Menschen hinter den Fenstern bewegt und wovon ihr Leben handelt. Von Sorgen oder Wut. Liebe oder verletzen Gefühlen. Trauer oder Zuversicht.

Sie alle warten auf Weihnachten.

Hinter einem Fenster in der ersten Etage zündet eine Frau zwei Kerzen an einem Adventskranz an. Kurz wird auch ihr Gesicht erleuchtet, ihre Bewegungen und die flackernden Flammen spiegeln sich in der Fensterscheibe. Plötzlich wendet sie sich um, spricht mit jemandem. Ich kann ihr Gegenüber nicht sehen, nur erahnen, dass es vielleicht ein Kind ist, das fragt, ob es nicht bittebitte heute schon das nächste Türchen am Adventskalender öffnen darf. Es ist ja schon fast wieder ein neuer Tag.

Im Nachbarhaus wird Klavier geübt. Mit geradem Rücken und einem straffen Pferdeschwanz im Nacken, der im Takt des Metronoms wippt. Zu Mozart vielleicht. Oder Coldplay. *Lights will guide you home.*

Ein anderes Zimmer wird von blauem Licht erhellt. Es flackert kurz auf. Dann ist es wieder ruhig. Bis erneut Schüsse fallen. Und das im Vorabendprogramm. Im Großstadtrevier. Daniela läuft von Zimmer zu Zimmer, füllt Katzenfutter in den kleinen Napf auf dem Küchenfußboden, macht die Waschmaschine an. In der Mikrowelle zieht eine Portion Tortellini mit Sahnesoße ihre Kreise. Die Stimmen und Schüsse im Wohnzimmer nimmt Daniela gar nicht richtig wahr. Nicht wichtig sind Täter und Opfer. Nur still soll es nicht sein. Bitte nicht so still. Und einsam.

Obendrüber ist das Licht bereits gedimmt. Damit die Kinder zur Ruhe kommen. Damit das Zubettgeh-Programm heute mal nicht zwei Stunden dauert. Mit abendbrotvollem Bauch und vom Bad noch feuchten Haaren sitzen Emma und Lukas im Schlafanzug vor dem Fernseher. Eine halbe Stunde KIKA dürfen sie noch gucken. Aber dann ist Schluss. Sonst gibt's morgen nichts im Adventskalender. *Und das wollt ihr ja wohl nicht, oder?*

Im nächsten Haus werden rasch die Vorhänge zugezogen. Jürgen fühlt sich ertappt. Es ist nicht mal sieben Uhr und sein Atem riecht bereits verdächtig nach der schweren Süße des Alkohols. Kleiner Feigling, denkt er und öffnet mit zittrigen Händen die Weinbrandflasche. Sein warmer Trost. Weil es draußen doch so kalt ist. Und in ihm drin irgendwie auch.

Eine Straße weiter ist eine Wohnung in warmes Licht getaucht. Die Scheiben beschlagen, als Laura kurz den Backofen öffnet und mit beherzten Händen und einem Holzstäbchen hineingreift, um den Braten zu testen. Garprobe. Ein kurzer Blick auf die Küchenuhr. Das Fleisch wird perfekt sein, wenn die Gäste kommen. Auf dem Herd köcheln die Kartoffeln leise vor sich hin. Zeit für ein erstes Glas Rotwein. Zu zweit. Sebastians Hände liegen auf ihrer Hüfte. *Krawatte oder nicht*, fragt er seine Verlobte. Stolz erfüllt ihn, wenn er sie so nennt. Sanft küsst er ihren Nacken. *Schön machst du es uns*, flüstern seine Lippen. Und Laura lächelt.

42

Auf der Fensterbank der Nachbarn blinkt es blau, weiß und rot. Carmen und Micha haben einen Traum. Von einem Leben in Amerika. Dort, wo ein Tellerwäscher zum Millionär werden kann. Das haben sie schon oft gehört. Die *Auswanderer* wollen sie sein. Wenn das Geld vom Amt mal bis zum Monatsende reicht, sie etwas zurücklegen können, dann soll ihr Traum endlich wahr werden. Einen Frosty auf der Fensterbank haben sie jedenfalls jetzt schon und einen aufblasbaren Weihnachtsmann auch. Er baumelt an der Hausfassade und bewegt sich mit jedem Windzug ein bisschen hin und her. An die Heizkörper im Wohnzimmer haben sie Socken gehängt. So haben sie es in den amerikanischen Weihnachtsfilmen gesehen. *Für Santa.* Zum Befüllen. Man muss nur fest dran glauben.

Die glühenden Zigarettenstummel auf dem Balkon sehen aus wie Hoffnungsschimmer.

Und dann bin ich plötzlich da. In meiner eigenen Straße. In meinem eigenen Zuhause. Meiner eigenen Geschichte. Auf der Fensterbank steht ein Licht. Es wartet auf mich. Und ich kann es gar nicht erwarten, hineinzugehen.

43

Aufschauen

Anna Tomczyk

Mit ängstlichem Herz
doch voller Hoffnung
in Dunkelheit
hinaufschauen
zum noch unsichtbaren
Licht
ausharren
der Sehnsucht
vertrauen
dem Zweifel
zum Trotz

17

„Macht hoch die Tür" oder kippt einfach das Küchenfenster an

Antje Rost

Es ist Advent 2020. Und leider werden nicht nur die Lichter in den Fenstern mehr, sondern auch die Coronakranken und -toten. Es ist alles so unwirklich und doch wahr. Die Fallzahlen steigen immer weiter. Und in meinem Kopf kreiselt es um den Gottesdienst am Heiligen Abend, den ich halten und feiern möchte. Niemand weiß, was und wie möglich sein wird.

Und dann, mitten im Advent, hält Corona auch Einzug in meiner Familie. Zuerst trifft es meinen Schwager und 10 Tage später meine Schwester und meinen Papa, die alle in einem Haus wohnen, nicht weit von mir entfernt. Für sie heißt es jetzt: Quarantäne bis zum 1. Januar.

Mit der Zeit wird es immer klarer, dass es keine Gottesdienste am Heiligen Abend geben wird, nur geöffnete Kirchen. Meine Gedanken sind immer wieder bei meinen Neffen, 13 und 8 Jahre, die wegen der Quarantäne nicht einmal in eine geöffnete Kirche gehen können. Die beiden Jungs sind einfach wunderbar! Auch wenn sie uns alle manchmal an den Rand des Wahnsinns treiben, jeder auf seine besondere Art, sind sie so liebenswert und, ich muss es noch einmal sagen: einfach wunderbar. Ich möchte besonders für meine beiden geliebten Chaoten einen Gottesdienst am Heiligen Abend. Ich möchte, dass sie in Gemeinschaft die Weihnachtsgeschichte hören, Weihnachtslieder singen und beten können. Ich möchte, dass das Geschehen an der Krippe für sie lebendig und irgendwie erlebbar wird.

Und so frage ich die beiden, ob sie Lust haben, mit mir am Heiligen Abend ein Hirtenstück in verschiedenen Rollen zu lesen. Beide sind sofort dabei. Ich suche und finde im Internet ein passendes Stück, mache aus vier Sprechern drei und los geht's. Der Treffpunkt ist das angekippte Küchenfenster. Ich lege die Blätter draußen aufs Fensterbrett und die Jungs nehmen sie sich in die Küche. So üben wir am gekippten Fenster die verschiedenen Rollen zu sprechen. Dem Großen fällt das nicht schwer, der Kleine kämpft sich mit großer Lust durch den Text. Es ist schön anzusehen und anzuhören, was die beiden dabei für Freude haben.

Am Heiligen Nachmittag packe ich alles Benötigte für den Gottesdienst, inklusive einer Kanne Glühwein, Kinderpunsch und Pappbecher, in meinen Korb und fahre mit meinem Mann los. Meine Eltern, meine Schwester und meine Neffen sitzen in ihrer Küche bei Kaffee und Plätzchen zusammen. Der Kleine kann es kaum erwarten, dass es losgeht. Ich stelle außen auf das Fensterbrett die Kerzen und ein Kreuz, lege Liedblätter dazu und die Jungs holen alles durchs Fenster nach innen. Auf meine Frage, wie viele Kerzen wir für die Fürbitten hinstellen wollen, meint der Kleine: „Alle!" Meine Bedenken, dass uns vielleicht nicht so viele Fürbitten einfallen würden, bügeln die Jungs einfach weg: „Das wird schon klappen." Vielleicht hängt ihre Gewissheit auch damit zusammen, dass beide sehr gerne Kerzen anzünden.

Und so feiern wir sieben unseren kleinen Gottesdienst am Heiligen Abend. Wir singen miteinander, beten, hören das Weihnachtsevangelium, lesen das Hirtenstück, was beide Jungs mit ganz viel Ehre machen, und wir empfangen den Segen unseres Herrn. Alle 10 Fürbittenkerzen brennen! Als ich beim „Vater unser" die Stimmen aller höre, erfüllt mich eine große Freude.

Nach unserem letzten Weihnachtslied sehen beide Jungs voller Staunen und mit einem breiten Grinsen auf den Lippen ihren Opa an. Sie können es nicht fassen, dass ihr Opa auch Weihnachtslieder singen kann. Das haben sie noch nie zuvor gehört.

Im Anschluss trinken wir Glühwein und Kinderpunsch, mein Mann und ich draußen und die anderen drinnen. Zwischen uns das angekippte Küchenfenster, das Kreuz und die brennenden Kerzen. Wir sind getrennt und doch vereint durch den, der sagt: „Wo zwei oder drei in meinem Namen versammelt sind, da bin ich mitten unter ihnen."

In mir macht sich eine große, tiefe Dankbarkeit breit. Ich bin dankbar für die Menschen, die Gott mir an meine Seite gestellt hat, durch die er mir seine Liebe schenkt und ich bin dankbar, dass ich von ihm gebraucht werde, von ihm erzählen und seine große Liebe weitergeben darf. Das ist geschenkte Gnade! Gott braucht nicht viel, um uns oder durch uns etwas zu schenken, nur offene Herzen und manchmal auch ein angekipptes Küchenfenster.

Mein Weihnachtswunschzettel

Fabian Brand

Ich wünsche mir mehr Frieden für die Friedlosen und mehr Gerechtigkeit für die Ungerechten.

Ich wünsche mir mehr Freude im trostlosen Alltag und ein bisschen mehr Lächeln in den Gesichtern der Menschen, die mir begegnen.

Ich wünsche mir mehr Einfühlungsvermögen für mich und für die, die mit mir gemeinsam auf dem Lebensweg unterwegs sind.

Ich wünsche mir mehr Hilfsbereitschaft und den Mut, nicht immer zuerst auf das eigene Wohlergehen zu schauen.

Ich wünsche mir mehr Versöhnung und Barmherzigkeit, mehr Nachsicht und die Beherztheit, einander Schuld zu vergeben und nicht kleinlich aufzurechnen.

Ich wünsche mir mehr Großzügigkeit, wenn man einander Liebe schenkt und ein bisschen mehr Courage, wenn es um den Einsatz für die Mitmenschen geht.

Ich wünsche mir Gelassenheit und den Glauben, dass am Ende alles gut wird.

Ich wünsche mir mehr Vertrauen auf mich und auf die anderen und die Gewissheit, dass ich nicht immer alles alleine schaffen muss.

Ich wünsche mir Menschen, die an meiner Seite stehen, die mit mir durchs Leben gehen, die mit mir befreundet sind und es auch sein und bleiben wollen.

Ich wünsche mir Weihnachten für diese Welt, für alle Menschen und ganz besonders für die, denen die Botschaft der Heiligen Nacht als erstes zugesagt wurde.

Ich wünsche mir, dass meine Weihnachtswünsche keine frommen und heiligen, keine aussichtslosen und unerfüllten Wünsche bleiben, sondern erfahrbare Wirklichkeit werden und unser Leben verwandeln und heiligen.

Und wie lauten deine Weihnachtswünsche?

19

Lichtspalt

Marco Michalzik

„Fürchtet euch nicht! Denn er bringt der Welt Frieden
und wendet sich den Menschen in Liebe zu."
Lukas 2,10+14 (HFA)

Mitten im Dunkel
scheint die Nacht
nie enden zu wollen

In den wandernden Schatten
sind die Träume
ängstlich und sorgenvoll

Einfach eine Nacht
wie so viele zuvor
In der einsamen Kälte
fast ein wenig verfroren

Als die Augen beginnen
sich an das Schwarz zu gewöhnen
scheint plötzlich Musik
durch die Landschaft zu tönen

Ein Lied erklingt
Und eine Stimme singt
vom herbeigesehnten Frieden

Selbst die Schatten verraten
ohne Stimme und Sprache,
dass ein Licht vorhanden ist

In dieser stillen Nacht
wird es früher hell als gedacht.
Die Hoffnung singt ein Lied vom Frieden
und hat sich selbst als Geschenk
mitgebracht

Diese stille Nacht,
als uns die Hoffnung eine Tür aufmacht
und in die Dunkelheit
einen Türspalt breit
Licht hinein scheinen lässt

Diese stille Nacht,
in der die Hoffnung sacht
für Menschen mit verzagten Herzen
das Licht anmacht und sagt,
Ich brauche keine Angst zu haben

In jeder Nacht
wünsche ich dir
Lichter und Lieder
Wieder und Wieder
und jemanden, der dir
vielleicht einen Türspalt breit
zeigt, dass die Hoffnung bleibt.

20

Gott kommt auf die Erde

Manfred Gerke

„Der Herr ist nahe.“
Philipper 4,5 (EU)

„Seht, die gute Zeit ist nah, Gott kommt auf die Erde, kommt und ist für alle da, kommt, dass Friede werde. Hirt und König, Groß und Klein, Kranke und Gesunde, Arme, Reiche lädt er ein, freut euch auf die Stunde“ (EG 18,1.2). Ein fröhliches Adventslied und eine tänzerische Melodie! Auch der Text hat es in sich: „Seht!“

So werden wir aufgerufen. Haltet inne! Schaut auf! Warum? „Die gute Zeit ist nah.“ Warum ist diese Zeit gut? Vielleicht erfahren manche jetzt auch „böse Zeit“, eine traurige Zeit. „Gott kommt auf die Erde!“ Weil er kommt, deshalb sollen wir innehalten, deshalb ist diese Zeit „gut“. Gott kommt und „ist für alle da“. In der 2. Strophe wird das unterstrichen: „Hirt und König, Groß und Klein, Kranke und Gesunde, Arme, Reiche lädt er ein“ – niemand

56

ist ausgenommen. In diesem „und" steckt ein Friede, der wohltut. In seiner Nähe gehören wir zusammen. In seiner Nähe wachsen Gemeinschaft, Verantwortung füreinander, Frieden. Und genau das ist das Ziel seines Kommens: Frieden auf Erden – und nicht nur im Himmel. Deshalb folgt auch am Ende ein erneuter Aufruf zur Freude: „Freut euch auf die Stunde!"

Dieses Lied stammt aus Mähren, einer oft verfolgten Kirche. Den Text gestaltete Friedrich Walz. Er war als Pfarrer lange Zeit in der Jugend- und Studentenarbeit tätig. Sein Herz schlug für die Musik. 1984, kurz vor seinem 52. Geburtstag, starb er an einem heimtückischen Tumor. Einer, der ihn im Krankenhaus besucht hatte, schrieb: „In seiner Nähe wurde einem das Glauben leichter." Und er selbst hatte einmal gesagt: „Trost heißt: die Gegenwart Gottes glauben." Und genau darum geht es in unserem Adventslied, das uns helfen kann, die Gegenwart Gottes zu glauben. So singen wir, weil Gott da ist.

21

Ochse und Esel

Steve Kennedy Henkel

Sie sind die stillen Beobachter in der Weihnachtskrippe.

Ochse und Esel – sie stehen einfach nur da.

Wahrscheinlich muhen oder scharren sie.

Aber sonst scheinen sie nur Statisten dieses heiligen Schauspiels
am Rande der römischen Welt zu sein, das heute jedes Jahr
in hunderttausenden Kirchen weltweit aufgeführt wird.

Aber es ist doch Zufall, dass sie sich heute in jeder Krippe finden
und nicht einfach weggelassen werden.

Wenn Gottes Sohn zur Welt kommt, geht das nicht nur Menschen an
– sondern auch seine Schöpfung, die Natur.

Ochse und Esel sind die stillen Zeugen der nicht menschlichen Welt.

Einer Welt, die lange nur als Verfügungsmasse
der „Krone der Schöpfung" gesehen wurde.

Dass sie hier dabei ist – zeigt wo ihr Platz ist: Ganz nah bei Gott.

In Symbiose, im Zusammenleben mit Gottes Menschen.

Ochsen und Esel bekommen zu sehen, was vielen Menschen
ihrer Zeit verbogen bleibt.

Die Schöpfung hat eine Weisheit, eine Gotteskenntnis,
an der wir oft vorbeigehen.

Mit einem Hund spazieren zu gehen, kann anstrengend sein.

Ständig hört oder erschnüffelt e etwas.
Unterbricht den Rhythmus deiner Schritte.

Was würdest du wahrnehmen, wenn du mit wachen Sinnen
durch deinen Tag gehen würdest?

22

Weihnachten

Hanna Buiting

Dürfte ich nur mit einem Wort beschreiben, was Weihnachten
für mich ist, ich wählte das Wort „Zuhause". Zuhause.
Dort, wo es warm ist und geborgen. Dort, wo das Licht wohnt und
meine Liebe einen Namen trägt. Dort, wo vielleicht nicht alles heil ist,
aber heilig. Dort, wo es Gnade gibt und Schokolade.
Dort, wo etwas Neues beginnt und etwas Vertrautes trotzdem bleibt.
Dort, wo ich Worte und Träume wage. Dort, wo ich willkommen
heiße und willkommen bin. Dort, wo im Fenster ein Stern hängt,
der mir neue Wege weist und durch den ich doch auch immer wieder
heimfinde. Dort, wo es Wunden gibt, aber noch mehr Wunder.
Dort, wo ich erwartet werde und erwarte, wache und erwache,
in so mancher heiligen Nacht.

Das ist für mich Zuhause. Das ist für mich Weihnachten.

23

Geschätzt

Axel Kühner

„Es begab sich aber zu der Zeit, ... dass alle Welt geschätzt würde." – Damit beginnt die Weihnachtsgeschichte. Bis heute werden Menschen geschätzt: eingeschätzt und abgeschätzt, unterschätzt und überschätzt, eingestuft und abgestuft, taxiert und gewogen, zensiert und registriert, nummeriert und etikettiert, einsortiert und aussortiert, in Listen eingetragen und ausgestrichen.

Wir sind Rädchen und tragen Nummern: Kennnummer, Hausnummer, Telefonnummer, Autonummer, Versicherungsnummer, Personalnummer, Kontonummer. Es ist wichtig, dass alles geschätzt wird. Alles muss seine Ordnung haben.

Gott kommt nicht an dieser Ordnung vorbei in unsere Welt. Mitten in einer Schätzung kommt er zur Welt. Unter dem Namen Jesus wird er in Listen eingetragen. – Und mitten darin leuchtet eine wunderbare Botschaft auf: Gott schätzt unser Leben. Er gibt für uns sein Kostbarstes und Höchstes. Welch ein Schatz müssen wir in den Augen Gottes sein! Das tut wohl, dass wir bei Gott nicht eingeschätzt und abgeschätzt, sondern wertgeschätzt und geliebt werden. – Unsere Antwort darauf könnte dann sein, dass wir – wie die Weisen aus dem Orient – an der Krippe Jesu unsere Schätze auftun und sie Jesus geben. Gehen wir ganz nahe an die Krippe Jesu heran und weihen ihm unser Leben. Weihnacht, die Nacht, in der sich Gott den Menschen weiht, sucht geweihte Menschen, Menschen die Gott ihr Leben schenken: das Gold des Glaubens, den Weihrauch der Anbetung und die bittere Myrrhe des Leidens. In der Welt werden wir geschätzt und nummeriert, bei Gott sind wir geschätzt und geliebt. Bei Jesus tun wir unsere Schätze auf und geben unser ganzes Leben in seine Hand. Frohe Weihnachten!

24

Was ich zur Krippe bringe

Lilli Gebhard

hier ist meine bitterkeit
meine wunden
hier ist
was ich nicht vergeben kann
anderen aber
vor allem mir selbst
ich lege es hin
und warte mit dir
und du wartest mit mir
und siehst mich

ein kind voller wonne

Michael Lehmler

ein kind voller wonne
taucht not und krieg
in die göttliche sonne

ein kind voller schrei
weckt sofort die güte
und empathie in uns

ein kind voller glanz
verzaubert uns und
schenkt uns freude

ein kind voller nacht
ist das licht der welt
das uns immer heilt

26

Hirten

Steve Kennedy Henkel

Hirten haben ein Leben nah am Boden.

Ihre Schafe leben vom Gras, sie selbst schlafen auf der Erde.

Die Einfachheit,

die Naturverbundenheit,

das geerdet sein,

das manche von uns beim Wandern und Camping suchen,

haben sie den ganzen Tag.

Was heute unserer Sehnsucht nach Einfachheit und Verbundenheit

mit der Natur entspricht

– dem Gefühl einer Generation, die so oft „out of touch" ist –

war damals ein Grund zum Herabschauen.

Die Hirten von damals wären heute unsere rumänischen
Schlachthofarbeiter.
„Befremdlich", „prekär", „selbst schuld".
Bodennah – aber nicht wie „geerdet",
sondern wie der Bodensatz.

Von da fängt Gott an.
Von unten nach oben.
„Hirten erst, kundgemacht."
Das Fundament seiner Botschaft legt er auf die Erde.
Er baut keine Luftschlösser.
Er geht zu den Hirten.

Sie beglänzt er mit der himmlischen Helligkeit der Engel,
die von ganz oben bis ganz zum Boden reicht:
„Euch ist heute der Heiland geboren."

Nicht immer bist du sozial oder finanziell am Boden.
Manchmal bist du auch mental ganz unten,
vielleicht sogar tiefer als Erdgeschoss,
in Schluchten und Gruben.
Aber auch dorthin kann himmlische Helligkeit strömen.
Manchmal nur ein kleiner Strahl, der sagt:
Dir ist heute der Heiland geboren.

Kurz vor Sonnenaufgang

Ramona Eibach

Die Tränen fließen. Plötzlich geht in mir das Licht aus. Der Auslöser war etwas schon fast Alltägliches für die letzten Jahre. Es wurde etwas abgesagt, auf das ich mich lange gefreut hatte. Immer kam etwas anderes dazwischen. Während ich von der Arbeit nach Hause fahre, weine ich plötzlich Sturzbäche. Beim Kochen mischen sich salzige Tropfen in die Suppe. Beim Mittagessen läuft das Wasser unaufhaltsam aus meinen Augen.

Ich würde mich gerne verstecken, aber ich habe einen Arzttermin mit den Kindern. Mein Gesicht bleibt nass. Meine Tochter beschwert sich: „Mama, hör auf zu weinen. Das ist anstrengend.".

„Stimmt", denke ich, aber leider kann ich die Tränen nicht aufhalten. Anschließend steht unerbittlich der nächste Termin im Plan. Ich kaufe ein, heulend. Ich setze freiwillig eine Maske auf, um nicht zu sehr aufzufallen. Mein innerer Wasserhahn ist aufgedreht und will sich nicht mehr verriegeln lassen. Tränen, Tränen, Tränen. In meinem Herzen spüre ich, wie innerer

Druck nach draußen dringt. Er hat den Ausgang durch meine Augen gefunden. Aus ihnen strömt alles raus, was irgendwo in einer verborgenen Kammer verschlossen war.

Heute platzte die Hoffnung, dass sich die Zeiten wieder ändern könnten. Ohne Vorwarnung brechen all der unterdrückte Schmerz, die Sorgen und die unerfüllten Bedürfnisse über mich herein.

Die nicht gemachten Pausen fordern: „Hol uns nach!", die Seele sagt: „Schluss jetzt!", mein Körper schreit: „Lauf da hin, wo Ruhe ist!" und mein Verstand sucht sich selbst. Während des Einkaufs und danach verlassen weitere Tränen in Scharen meine Augen, wie Flüchtende in Angst vor Verfolgern. Eine nach der anderen purzelt über Nase und Wangen der Freiheit entgegen.

Dann endlich eine ruhige Minute. Meine verquollenen Augen schauen auf mein Handydisplay. Was ich sehe verschlägt mir den Atem. *Das* habe ich heute Morgen geschrieben? Auf dem Weg zur Arbeit habe ich, wie so oft, Fotos gemacht. Oft passiert es, dass mich Szenen in der Natur so sehr ansprechen, dass ich sie festhalten muss.

So kam es, dass ich an einer meiner Lieblingsstellen anhielt, um das Licht kurz vor Sonnenaufgang zu fotografieren. Diese Aufnahme habe ich dann in zwei sozialen Netzwerken veröffentlicht.

Jetzt sitze ich hier in meiner dunklen Welt und lese meine Worte: „Manchmal reicht schon das Wissen, dass die Sonne aufgehen wird, um den Tag zu erhellen." Ich bin schockiert und erheitert zugleich. Wie ist das möglich? Heute Morgen bin ich voller Tatendrang motiviert aus dem Haus gegangen. Als hätte ich geahnt, dass ich das noch am selben Abend brauche, steht da meine eigene Ermutigung. Sie macht mir Hoffnung auf den nächsten Tag.

„Es wird wieder hell." Es ist, als ob Gott mit meiner eigenen Stimme zu mir spricht: „Gibt nicht auf. Es ist nur Nacht. Das Dunkel vergeht wieder. In ein paar Stunden kannst du die ersten Lichtstrahlen sehen." Was mir an dem Foto besonders gut gefällt, ist ein Lichtfleck auf der Wiese. Er stammt von den Scheinwerfern eines vorbeifahrenden Autos. Aber für mich ist er ein Symbol: Wenn ich das Licht am Himmel entdecke, wird auch meine irdische Welt ein Stückchen heller.

28

Zu Psalm 90,12

Katja Zimmermann

„Mach uns bewusst, wie kurz das Leben ist,
damit wir unsere Tage weise nutzen."
Psalm 90,12 (HFA)

Ich möchte keinen deiner perfekten Zeitpunkte verpassen.

Ich möchte still genug sein, um jedes Flüstern zu hören.

Aber nicht zu still, um deine Worte auszusprechen,

wenn der Zeitpunkt dafür gekommen ist.

Darum mach mich offen für dein Reden.

Mach mich sensibel für deine Wunder, für dein Handeln.

Ich will dich in allem suchen und finden, wo du zu sehen bist.

Schenk mir deine Weisheit, um in den richtigen Momenten
die richtigen Schritte zu gehen

und in den falschen einfach stehen zu bleiben.

Denn in die falsche Richtung will ich nicht gehen.

Immer nur in deine, dir hinterher und dir entgegen.

29

Unser Glück

Manfred Gerke

Die hohen geistlichen Herren im Vatikan schlugen die Hände über dem Kopf zusammen: Papst Johannes XXIII. wollte am Weihnachtstag unbedingt dem Gefängnis einen Besuch abstatten. Es wurde ein großartiger Abend. Es war allen anzusehen, welche Ehre es für sie war, den Papst persönlich bei sich zu haben. Es ging laut zu, man dankte, applaudierte. Gegen Ende des Besuches fragte der Papst den Direktor: „Habe ich nun wirklich alle Gefangenen gesehen?" „Nein", druckste der Direktor herum, „aus Sicherheitsgründen konnten die Schwerstverbrecher und Mörder nicht zur festlichen Versammlung gebracht werden." „Ich möchte aber auch sie sehen!" So wurde er zu einem großen, nach oben offenen, mehrstöckigen Trakt mit Gittertüren gebracht. Als er durch den Haupteingang eintrat, rief er in die Stille hinein: „Carissimi, meine Lieben! Ich bin es! Euer Bruder Johannes ist da!" Aber dieser Empfang war ganz anders als die Jubelstimmung vorher: Die meisten Männer standen still an ihre Zellentür gelehnt. Viele von ihnen weinten wie kleine Jungen.

Genauso kommt Gott in unsere Welt, kommt hinein in unser Leben, hinein auch in unser Gefängnis. „Carissimi, meine Lieben", so ruft er uns zu. „Ich bin es, euer Bruder." Gott wird Mensch, unser Bruder. Wie Johannes XXIII. ins Gefängnis, so kommt Gott auf die Erde. So – aber auch noch ganz anders. Der Papst hat das Gefängnis wieder verlassen, Gott aber bleibt. Das Kind lebt, mitten unter uns. An seiner Seite können auch wir leben, heute und jeden Tag. Mit den Worten des Psalmbeters staune ich: „Gott nahe zu sein, ist mein Glück" (Psalm 73,28; EU).

30

Sehnsucht nach Heimat. Heimats, Heimate oder wie?!

Fabian Brand

Heimat ist ein weiter und dehnbarer Begriff. Viele Menschen wissen genau, wo ihre Heimat ist. Für sie ist Heimat der Ort, an dem sie aufgewachsen sind, an dem sie Kindheit und Jugend verbracht haben, mit dem sie untrennbar verbunden sind. Und für andere Menschen ist gar nicht so genau festlegbar, was Heimat eigentlich ist. Sie sagen: Heimat ist da, wo man sich wohlfühlt, wo man mit seinen Lieben zusammen ist, wo man seinen eigenen Arbeitsplatz oder seine Wohnung hat. Für sie ist Heimat ein ganz flexibler Begriff. Deswegen haben manche Menschen wohl auch mehrere Heimaten.

Ich muss zugeben, ich musste erst mal im Internet suchen, was denn nun der Plural von „Heimat" ist. Denn so geläufig ist die Mehrzahl des Begriffs gar nicht. Man hat eine Heimat oder weiß, wo seine Heimat ist. Aber kann man auch Heimaten haben? Also viele „Daheims"?

Dass Heimat gerne in der Einzahl verwendet wird, weist ja schon auf etwas Entscheidendes hin: Es gibt eine Heimat und nicht viele davon. Zumindest war das lange Zeit so. Heute hat sich das geändert. In einer global vernetzten Welt ist man nicht mehr nur auf einen Ort fixiert. Man kann an unterschiedlichen Plätzen der Welt zuhause sein. Heimat ist heute hier und morgen ganz woanders. Dort, wo man sich eben wohlfühlt und neue Wurzeln geschlagen hat.

Bei all diesen Diskussionen, wo denn nun Heimat ist und wie viele Heimaten man haben kann, kommen mir Menschen in den Sinn, die ihre Heimat zurückgelassen haben. Familien, die geflüchtet sind, gestrandet auf der Insel Lampedusa oder anderswo. Menschen, die erst einmal heimatlos sind, weil sie ihrer Heimat beraubt worden sind. Dort, wo sie einst zuhause waren, können sie nicht mehr leben. Ihre Heimat ist Kriegsgebiet. Als Flüchtlinge müssen sie jetzt eine neue Heimat finden. Und dass es ihnen nicht immer leicht gemacht wird, wissen wir ja selbst.

Ein bisschen wird es auch Maria und Josef so ergangen sein. Immerhin mussten sie ihre Heimat verlassen und nach Bethlehem ziehen, wo sie sich in einer Steuerliste eintragen sollten. Dort aber, sind sie Fremde. In Bethlehem kennen sie niemanden. Und haben will sie da auch keiner. Die Tür der Herberge bleibt zu. Als Fremde müssen sie sich alleine durchschlagen. Auch Maria und Josef sind irgendwie Flüchtlinge. Und das Thema Heimat geht auch sie an.

Vielleicht ist gerade in einer Zeit, in der man ständig unterwegs ist, die Sehnsucht nach einer Heimat groß wie nie zuvor. Und vielleicht geht uns das Thema Heimat so nah, weil es so viele Menschen gibt, die heimatlos sind, die ihre Heimat zurücklassen mussten.

Vorausdeutung

Hanna Buiting

Das Jahr geht zur Neige
an der Schwelle der Zeit
stehen wir
und sehen zu
wie vergeht, was war
und kommt, was sein wird
über uns
das Tagwerk der Sterne
in ewiger Wiederkehr
und doch
jedes Mal
ein neuer Anfang

Ein neuer Anfang

Axel Kühner

Jeder Anfang übt einen Zauber aus. Ein neues Jahr beginnen, ein neues Buch aufschlagen, eine neue Aufgabe anpacken, ein neues Land betreten, alles Neue weckt große Hoffnungen. Wie viele Sehnsüchte und Träume, Wünsche und Erwartungen leben auf am Beginn eines neuen Jahres und einer neuen Zeit!

Aber in die Neugier und Faszination mischen sich auch Angst und Schrecken. Neben das Geheimnisvolle tritt das Unheimliche. Was wird das neue Jahr bringen? Werden wir alle Aufgaben bewältigen, und wird das Leben halten, was wir uns von ihm versprochen haben?

Der Zauber des Anfangs lässt uns träumen von einer großen Liebe, einer schönen Reise, einer wunderbaren Erfüllung und einem bleibenden Erfolg. Die Angst vor dem Neuen lässt uns in der harten Lebenswirklichkeit aufwachen. Die Übermacht der Verhältnisse und die Ohnmacht des Einzelnen lassen uns bang und verzagt werden. Zwischen Zauber und Angst, Faszination und Furcht hindurch brauchen wir eine ganz neue Sicht: Der Anfang ist schon vor uns da. Gott ist vor uns da, seine Lebensmacht, seine alles überwindende Liebe, seine Vorsorge für unser Leben sind schon da. Gott hat schon lange vor uns angefangen. Wir treten nur ein in seinen Anfang. Nicht wir machen einen neuen Anfang und sind zwischen Zauber und Angst hin- und hergerissen. Nein, wir treten in Gottes Anfang ein, halten uns an seine Geschichte. So wird das neue Jahr das beste, was es überhaupt werden kann, ein Jahr des Herrn mit uns.

Wir stellen uns in Gottes Anfang hinein und sind bei ihm aufgehoben und gehen mit ihm auf eine Vollendung des Lebens zu.

33

An diesen Tagen ...

Katja Zimmermann

Wenn Hoffnung unterzugehen scheint
Wenn du so fern bist
Als wär meine Zeit mit dir nur ein Traum gewesen
Da lerne ich festzuhalten an dem
Was dein Herz meinem Herzen versprach
Auch wenn ich nichts sehe
Was deine Verheißung erfüllt
Dann muss ich glauben
Dass die Hoffnung stärker ist als die Realität
Und dass Dinge wachsen
Auch wenn ich deinen Zeitplan
mal wieder gar nicht verstehe

34

Zukunftswesen

Ramona Eibach

Was bringt die Zukunft?

Dieser Satz kann sehr unterschiedlich klingen.

Ich kann ihn sorgenvoll sagen, nachdenklich oder erwartungsfroh.

An manchen Punkten ergibt es Sinn, über die Zukunft nachzudenken.

Wenn ich eine Entscheidung treffen muss zum Beispiel oder am Anfang einer neuen Etappe. Vor Beginn eines Lebensabschnitts oder zu Beginn eines neuen Jahres.

Es gibt Dinge, auf die ich mich freue. Es gibt die, die einfach weiterlaufen. Und da sind die, die ich gerne sang- und klanglos in der Vergangenheit hätte verschwinden lassen. Es bringt nichts, mir den Kopf über sie zu zerbrechen. Das habe ich versucht und nichts dabei gewonnen. Lieber will ich mir das vor Augen halten, was gut werden kann. Doch leider fällt es mir schwer, mir die Zukunft vorzustellen. Vor einiger Zeit habe ich mir Gedanken über das

Wesen der Vergangenheit gemacht. Ich habe sie mir als Kind vorgestellt, das Fangen spielen möchte. Vielleicht hilft es, mir auch die Zukunft bildlich vorzustellen. Während ich noch darüber nachdenke, kommt mir ein Bild ins Gedächtnis, das ich gemalt habe.

Es heißt: „Vergangenheit, Gegenwart und Zukunft". Die Zukunft wabert als neblig angedeutete Person geisterhaft am Horizont. Als ich anfing, sie zu malen, wirkte sie gespenstisch und ungewiss auf mich. Während des Malens änderte sich meine Sichtweise. „Die Zukunft", dachte ich, „schaut logischerweise nach vorne. Sie ist das, was vor mir liegt, ich bin hinter ihr und kann maximal ihren Rücken sehen".

Den Pinsel in der Hand meinen Gedanken nachhängend stutze ich: Mit einem Mal bin ich nicht mehr sicher, ob das gemalte Zukunftswesen von mir abgewandt ist. Schaut die Zukunft mich an? Wenn ich sie so betrachte, wirkt sie vergnügt, einladend. Geduldig steht sie am Horizont. Sie wartet auf mich, bereit, mich zu empfangen. Jeden Tag wird sie ein Stückchen kleiner. Und wenn der Zeitpunkt gekommen ist, wird sie mich in ihre Arme schließen.

Die Zukunft ist eine ewige Fremde. Ihr Gesicht kann ich nicht erkennen. Nie kann ich sie kennenlernen. Sie gehört nicht zu mir. Sie ist das, was noch nicht zu mir gehört. Ich verstehe sie als Einladung, weiterzuleben. Sie inspiriert mich, Ziele zu setzen, lässt mich kreativ werden und veranlasst mich, an mir zu arbeiten.

Ich möchte sie gestalten und bewusst erleben. Oft habe ich sie als Bedrohung empfunden. Aber so langsam dämmert mir: Sie könnte mir auch wohlgesonnen sein. Ich stelle mir vor, wie das, was vor mir liegt, als freundliches Zukunftswesen auf mich wartet. Die Schwermut von eben ist verschwunden. Ich bin bereit für die Zukunft.

35

Wünsche

Hanna Buiting

ich wünsche dir
zeit, dinge zu tun, die dich beflügeln.
fantasie, die welt bunter zu sehen, als sie ist.
menschen, die deinen rücken stärken. jederzeit.
träume, die dein leben reich machen, auch wenn sie
sich nicht sofort erfüllen.
worte, die dir unverhofft begegnen
und dein herz berühren.
reichtum, der sich nicht an goldtalern messen lässt und
dich doch königlich beschenkt.
gesundheit, die dich leben lässt, wie du es dir wünschst.
mut, die zukunft zu deiner zu machen.

liebe, die bleibt.
erinnerungen, an denen du dich festhalten kannst,
wenn leere dich erfüllt.
freude, so strahlend, dass sie jede dunkelheit besiegt.
musik, die dich tanzend macht. einfach so.
offenheit im blick: du bist nicht allein.
kraft, entscheidungen zu treffen. für veränderungen ist
es nie zu spät.
segen, der dich begleitet und dich schützt.
orte, die du zuhause nennen kannst.
zuversicht, dass am ende alles gut wird.
glück, so viel, dass du es gerne teilst.

36

Bei dir sein

Diederich Lüken

„Ich bin immer bei euch, bis das Ende dieser Welt gekommen ist."
Matthäus 28,20b (HFA)

Ich sitze vor meinem Computer und schreibe eine Morgenandacht für Deutschlandradio Kultur. Da öffnet sich leise die Tür. Mein Sohn nähert sich. Er ist zu diesem Zeitpunkt, von dem ich erzähle, fünfzehn Jahre alt, mitten in einem Alter, das gemeinhin als problematisch gilt. Ich drehe mich nach ihm um und frage ihn freundlich: „Was willst du?" Er antwortet: „Ich will bei dir sein." Er holt sich einen Stuhl und setzt sich neben mich.

Ich denke, dass er meine Arbeit mitverfolgt. Aber er schaut gar nicht hin. Bei mir zu sitzen genügt ihm offensichtlich. Nach ungefähr einer Viertelstunde, in der außer dem leisen Klacken meiner Computertatstatur gar nichts geschieht, sagt er: „Tschüss, Papa. Ich gehe jetzt Fußball spielen." Ich nicke ihm zu, sage: „Tschüss, mein Sohn, und viel Spaß. Hoffentlich gewinnt ihr!" Doch da ist er schon fast verschwunden, und ich arbeite weiter an meinem Text.

Aber das geschieht nun anders als vorher – leichter, beschwingter. Ich bin stolz und glücklich, dass mein Sohn einfach nur bei mir sein wollte. Ich denke: Vielleicht ist das eines der Geheimnisse eines glücklichen Zusammenlebens, dass jemand da ist, der einfach sagt: „Ich will bei dir sein", ohne Forderung, ohne Hintergedanken, ohne ein dickes Ende, das oft solchen Ankündigungen folgt. Mehr braucht es nicht, um zu wissen: Dieser Mensch ist mir wohlgesonnen, dieser Mensch mag mich, er liebt mich, und zwar so sehr, dass es ihm genügt, bei mir zu sein. Das ist Glück.

Das Erlebnis ist nun zwanzig Jahre her. Mein Sohn ist erfolgreich in seinem Beruf, und ich bin ein alter Mann geworden. Aber immer noch höre ich seine leise Stimme: „Ich will bei dir sein." Manchmal telefonieren wir miteinander. Der Kontakt ist nicht abgerissen; er ist nur anders geworden. Geblieben ist die Freude aneinander, die auch dann aufkommt, wenn wir einander nach langen Reisen in die Arme schließen. Dann ist er wieder bei mir; und wieder genügt es ihm, bei mir zu sein. Und mir genügt es, bei ihm zu sein.

Wer das kennt und erlebt, versteht auch den großen Trost, den die Jünger Jesu empfanden, als sie ihren Meister sagen hörten: „Ich bin bei euch alle Tage bis ans Ende der Welt." Es ist die Liebe Jesu zu seinen Jüngern, die ihn das sagen lässt. Sie trifft auf ihr Gegenstück, die Liebe der Jünger zu Jesus, dass sie für diese Worte offene Ohren haben. Und so formiert sich das Glück, bei Jesus zu sein und Jesus bei sich zu wissen, zu einem Lied, das die Gemeinde Jesu gern und oft singt: „Bei dir, Jesus, will ich bleiben." Vielleicht ist es auch für Jesus in seiner himmlischen Welt ein großes Glück, dass es Menschen gibt, die bei ihm sein wollten, ohne Forderungen, ohne Hintergedanken.

Sterndeuter

Steve Kennedy Henkel

In einer Zeit, in der die Sterne mehr zu erzählen hatten
als die Ausdehnungsgeschwindigkeit des Alls oder das
Sternsterben einer Supernova,

als sie noch Seefahrern den Weg gewiesen

und gute und schlechte Zeiten angekündigt haben,

da sind die gefragt, die ihre Sprache verstehen.

Sie sind gefragt, wie heute die Vordenker des Silicon Valley.

Sie sitzen in Türmen und auf Dächern,

den Vorstand nach oben offen.

Weil sie hoch über dem kleinteiligen Alltag sind und offen,

können sie erkennen, was Gott vorhat.

Sie haben ein Gespür dafür, wie Gott in die Welt kommen kann ...

Dieses Gespür bringt sie in die richtige Richtung –
aber am Ende erliegen sie doch der Logik der Welt und suchen
Jesus in Palästen.

Du kannst noch so wach und weise sein – Gott überrascht dich
immer wieder.

Und so sind sie von ihren Türmen und Dächern heruntergestiegen,

um Gottes Sohn – in Bodennähe – in einem Futtertrog zu finden.

Wann war dein Verstand das letzte Mal frei, nach oben offen?

Nicht gefesselt von Mails, Messenger-Diensten und dem,
was auf der Arbeit noch zu tun wäre?

Wann warst du das letzte Mal einfach unter dem Sternenhimmel?

Quellenverzeichnis

Brand, Fabian, Sehnsucht, Sinn und Stille Nacht. 24 mal Hoffnung im Advent.
© 2018 Neukirchener Verlagsgesellschaft mbH, Neukirchen-Vluyn:
    Adventsmenschen (S. 70f.)
    Bedrückendes Dunkel der Lebensnacht (S. 52f.)
    Mein Weihnachtswunschzettel (S. 95f.)
    Sehnsucht nach Heimat. Heimats, Heimate oder wie?! (S. 27–29)

Buiting, Hanna, Und der Regen klingt wie Applaus. Worte zum Staunen. Ein Jahresbegleiter.
© 2017 Neukirchener Verlagsgesellschaft mbH, Neukirchen-Vluyn:
    Grüße von Gott (S. 141f.)
    Weihnachten (S. 156)

Buiting, Hanna, Vom Warten, Wundern und Wenigeristmehr.
© 2015 Neukirchener Verlagsgesellschaft mbH, Neukirchen-Vluyn, 5. Auflage 2021:
    Hinter erleuchteten Fenstern (S. 65–68)
    Vorausdeutung (S. 11)
    Wünsche (S. 74)

Eibach, Ramona, Funkelflocken. Wenn der Moment zu leuchten beginnt.
© 2023 Neukirchener Verlagsgesellschaft mbH, Neukirchen-Vluyn:
    Details (S. 23)
    Kurz vor Sonnenaufgang (S. 81–83)
    Zukunftswesen (S. 185–187)

Gebhard, Lilli, Adventslichter. 24 leuchtende Momente für eine besondere Zeit.
© 2022 Neukirchener Verlagsgesellschaft mbH, Neukirchen-Vluyn:
    Die Kerze des Friedens (S. 48–50)
    Frieden mit dem, was ist (S. 53)
    Was ich zur Krippe bringe (S. 111f.)

Gerke, Manfred, Wer den Tag mit einem Lächeln beginnt. 365 Andachten, die ermutigen. Ein Jahresbegleiter.
© 2021 Neukirchener Verlagsgesellschaft mbH, Neukirchen-Vluyn:
    Gott kommt auf die Erde (S. 345)
    Jauchzen (S. 344)
    Unser Glück (S. 15)

Gorges, Anne: Warst du auch artig?, in: dies., Wir feiern uns durchs Jahr. Als Familie das Kirchenjahr
entdecken. © 2022 Neukirchener Verlagsgesellschaft mbH, Neukirchen-Vluyn, S. 71f.

Gottschick, Kathrin: Wichteln, in: dies., ... dann bäckt das Christkind Plätzchen!
24 Adventsgeheimnisse neu entdecken. © 2016 Neukirchener Verlagsgesellschaft mbH,
Neukirchen-Vluyn, S. 35f.

Henkel, Steve Kennedy, Rituale für Hipster & Heilige und alles dazwischen.
© 2022 Neukirchener Verlagsgesellschaft mbH, Neukirchen-Vluyn:
    Hirten (S. 108f.)
    Maria (S. 112)
    Ochse und Esel (S. 111)
    Sterndeuter (S. 110)

Kühner, Axel, Voller Freude und Gelassenheit. 365 Andachten.
© 2011 Neukirchener Verlagsgesellschaft mbH, Neukirchen-Vluyn:
  Ein neuer Anfang (S. 6)
  Geschätzt (S. 355)

Lüken, Diederich: Bei dir sein, in: ders., Alltagsgold. 111 Fundstücke aus der Bibel.
© 2018 Neukirchener Verlagsgesellschaft mbH, Neukirchen-Vluyn, S. 228f.

Rost, Antje: „Macht hoch die Tür" oder kippt einfach das Küchenfenster an, in: Anna Böck (Hg.),
Kaputt geborgen – Gedanken aus der Krise. © 2024 Neukirchener Verlagsgesellschaft mbH,
Neukirchen-Vluyn, S. 137–139.

Tomczyk, Anna, Schnittlauch für die Seele. Gedanken, Gedichte und Geschichten für alle Jahreszeiten.
© 2023 Neukirchener Verlagsgesellschaft mbH, Neukirchen-Vluyn:
  Aufschauen (S. 119)
  Streichholzadventskalender (S. 124f.)

Weidemann, Katrin: Lucias Licht, in: dies., Morgen-Momente. 99 Impulse für einen guten Tag.
© 2022 Neukirchener Verlagsgesellschaft mbH, Neukirchen-Vluyn, S. 168f.

Willms, Tina: Dezemberwunsch, in: dies., Am Wegrand: Ein Wunder. Mit offenen Sinnen durch das Jahr.
© 2016 Neukirchener Verlagsgesellschaft mbH, Neukirchen-Vluyn, S. 127.

Zimmermann, Katja, Himmelherz. Mit dir an meiner Seite, Neukirchen-Vluyn 2017. © bei der Autorin:
  An diesen Tagen (S. 44)
  Zu Psalm 90,12 (S. 96)